BEI GRIN MACHT SICH IHR WISSEN BEZAHLT

Sabine Busch-Frank

Hans Pfitzners "Die Rose vom Liebesgarten" - Quellen und Wirkung

GRIN Verlag

Bibliografische Information der Deutschen Nationalbibliothek:

Die Deutsche Bibliothek verzeichnet diese Publikation in der Deutschen National-
bibliografie; detaillierte bibliografische Daten sind im Internet über http://dnb.d-
nb.de/ abrufbar.

Impressum:

Copyright © 1995 GRIN Verlag GmbH
Druck und Bindung: Books on Demand GmbH, Norderstedt Germany
ISBN: 978-3-656-55677-0

Dieses Buch bei GRIN:

http://www.grin.com/de/e-book/55428/hans-pfitzners-die-rose-vom-liebesgarten-
quellen-und-wirkung

GRIN - Your knowledge has value

Hausarbeit: Hans Pfitzners "Die Rose vom Liebesgarten" – Quellen und Wirkung

1. Entstehung der Oper und biographisches Umfeld Hans Pfitzners

Nach der erfolgten Uraufführung des *"Armen Heinrich"* begaben sich Pfitzner und sein Librettist James Grun an die Erstellung des Librettos zu ihrer zweiten gemeinsamen Arbeit. Dabei ist unklar, ob Grun oder Pfitzner Anregung durch Hans Thomas Bilderzyklus empfingen. Wahrscheinlicher ist es, dass die Idee zum Opernthema Pfitzner kam, da dieser durch die Bekanntschaft mit Thomas Mann vielleicht die Chance hatte, die Bilder in der Pringsheimerschen Villa zu sehen. Di Bilder hängen heute in verschiedenen Museen (Zürich, Berlin) oder befinden sich in Archiven. (BEISPIELE).

Die Uraufführung erfolgte bereits 1901 in Elberfeld, erst aber die Wiener Aufführung von 1904 bezeichnet Pfitzner als erste "wirklich kongeniale Aufführung eines Werkes von mir", einen Erfolg, den er im Zusammenhang mit der Künstlerpersönlichkeit Gustav Mahlers sieht.

2. Rezeption der Oper als Märchenoper

Nach der Uraufführung der "Rose vom Liebesgarten" (9. November 1901, Elberfeld) entspann sich eine Diskussion um den symbolischen Gehalt der Opernhandlung, welcher Kritikern als überladen erschienen war. Pfitzner-Exegeten wie Müller-Blattau behalfen sich, indem sie die Oper der Modegattung der Märchenoper zuordneten:

"Detlev von Lilienkron bewundert die unbeschreiblich schöne "Märchenstimmung" darin. So wollte das Werk ja auch aufgenommen sein: als Märchen, in dem freilich, wie in allen echten Märchen, Weltgeschehen sichtbare Gestalt wird. Die Kritik aber orakelte weiterhin über "unklare Symbolik", über die "dramatisch unentwickelte Handlung". Und das Publikum sprach die Schlagworte nach; sie hängen dem Werk bis heute an."[1]

Die im Werk enthaltenen Märchenspuren mussten als Argument der Pfitznerianer gegen jede Form von Kritik herhalten, so wendet sich der Pfitzner-Biograph Walter Abendroth gegen den Vorwurf, im Libretto der *„Rose vom Liebesgarten"* sei „Wagnerabhängigkeit" nachzuweisen. Diese sei, so Abendroth, „in nichts weiter erkennbar [...] als in einer Reihe von Märchenmotiven, die der deutschen Sagenwelt längst vor Wagner schon eigen waren [...]"[2].

Auch Hans Pfitzner selbst betonte die Nähe der Oper zu Sage und Märchen:

Noch 94 Über die Symbolik der Handlung: "Wäre sie (die Sphäre der Handlung, Anm. SB) als Sage oder Märchen altbekannt, würde niemand gegen eine Umdichtung zur Oper etwas einzuwenden haben; es wäre die erlaubte, gewohnte "Benutzung der Sage" und selbst Ausdeutungen im einzelnen, von den Lesern und Hörern zu findenden symbolische oder allegorische Finessen würden als Empfehlungen dienen und den Reiz des "Verstehens" – worin ja viele einzig einen Genuß erblicken – erhöhen; dem Dichter würden sie als "Vertiefungen" der Sage angerechnet."[3]

---

[1] Müller-Blattau, Joseph "Hans Pfitzner. Lebensweg und Schaffensernte", Waldemar Kramer Verlag Frankfurt/Main, 1969, S. 40/41 (Über die Reaktionen zur Uraufführung der "Rose")

[2] Abendroth, Walter „Hans Pfitzner", Nachdruck in der Reihe „Texte zur Musik der ersten Hälfte des 20. Jahrhunderts, Band 2, Kiefer & Albers Verlag, Aachen 1981 (Originalausgabe Albert Langen Verlag München,1935), S. 313

[3] Pfitzner, Hans "Gesammelte Schriften", Band II, Dr. Benno Filser Verlag, Augsburg 1926, S. 89-97 "Die "Symbolik" in der Rose vom Liebesgarten" (23. August 1915)

3. Märchenmotive in der Opernhandlung?

Für die Handlung der Oper zeichnete nicht ein literarisches oder Kunstmärchen verantwortlich, sondern ein Bilderzyklus wurde zum Anreger. Doch verschiedene Motive der Handlung der "Rose vom Liebesgarten" erinnern an die Spähe des Märchens:

3. 1. *Die Stimmung des Liebesgartens als Märchenwelt*

Der Liebesgarten ist eine in sich geschlossene, idyllisch-paradiesische Welt und erinnert somit an Märchenwelten wie z. B. das Schlaraffenland. Eine solche Assoziation könnte z. B. die Regieanweisung für den ersten Akt der Oper nahe legen:

"Ein blumiger Anger, nach hinten zu durch eine weißmarmor'ne Balustrade abgegrenzt. Strahlender Sonnenschein. Hinter der Balustrade, wo das Land sich senkt, erblickt man in einiger Entfernung und Tiefe einen bleuen See; weiße Marmorbrücken führen von rechts und links nach der Mitte des See's, wo, auf einer kleinen Insel, ein Tempel sich erhebt. Wenn der Vorhang sich hebt, spielt eine Gruppe von Kindern, Mädchen und Knaben, auf dem Blumenanger, mitten auf der Wiese sitzt ein Kreis von Mädchen, Girlanden windend, um denselben herum sitzen, stehen und knieen andere Mädchen, Sträuße bindend; die Knaben laufen von allen Seiten zu, allerlei Blumen Herbeitragend. Alles rührt und tummelt sich freudig durcheinander, gewaltiges Vogelgezwitscher."

Eine solche märchenhafte Szenenbeschreibung findet sich in vielen Märchenopern der Jahrhundertwende, als willkürlich herausgegriffenes Beispiel kann die Szenenanweisung für den ersten Akt der Humperdinckschen "Königskinder" gelten:

"Kleine sonnige Waldwiese. Im Hintergrunde das Hellagebirge. Links vorn steht die Hexenhütte, umgeben von einem Gemüsegärtchen; in der vorderen Ecke wächst ein hoher Lilienstengel empor, der eine geschlossene Knospe trägt. Im Hintergrund ein laufender Röhrbrunnen. Den Trog bildet ein bemooster Baumstamm. Links ein Felsblock als Sitz. Vorne ein Tümpel, in dem einige der zwölf Gänse patschen; andere rupfen Gras oder glätten sich mit dem Schnabel die Federn. Rechts vorne schattet ein uralter Lindenbaum über einem kleinem Grashügel, in einem Astloch ist ein Nest wilder Turteltauben. Unter dem Baum liegt die Gänsemagd auf dem Bauch. Sie trägt einen kurzen, zerrissenen Rock, um den Kopf ein verschossen rotes Tuch, ein paar wilde, goldblonde Locken fallen über die

Stirne. An einem der unteren Lindenzweige hängt ein halbfertiger Kranz aus Waldblumen, im Gras liegt ein Haselstecken. Eine Turteltaube fliegt aus dem Astloch empor. Tiefe Stille."

3. 2. Blumenmetaphern

Neben der märchenhaft anmutenden Stimmung, die bei beiden Opern durch die Regieanweisungen eingefordert wird, findet sich noch ein weiteres märchenhaftes Motiv in der jeweils eingeführten Blumensymbolik. Blumen spielen in verschiedenen Märchenopern der Jahrhundertwende eine zentrale Rolle, so z. B. in Thuilles Opern "Gugeline" und "Lobetanz", in Ritter "Wem die Krone", in der symbolistischen Oper " Schwanenweiß", die nach Strindberg von Julius Weismann komponiert wurde, in Schusters "Jungbrunnen" oder in Hans Sommers "Lorelei".

In der "Rose vom Liebesgarten" ist es gleich ein ganzer Blumengarten, welcher symbolträchtig eingesetzt wird, neben der Rose, die ja sogar zur Titelfigur erhoben wird, findet man Narzissen, Lilien, Schwertlilien, Efeu, Wasserrosen und Vergißmeinnicht. Doch nur die Rose als Blume der Liebe und die Lilie als Blume der Unschuld (in der christlichen Ikonographie steht sie für die Unbefleckheit der Empfängnis Mariae) lassen sich heute in ihrer Bedeutung noch mühelos dechiffrieren.

3. 3. Anklänge an Legenden

Die Lilie als Marienblume führt zu einem weiteren prägnanten Motiv in der "Rose": Frau Minne erinnert in der ganzen Darstellung sehr an die Mutter Gottes, sie sitzt am "goldnen Thron der Gnade", sie ist die, die "keusch das Licht der Welt gebar", begleitet wird sie vom "kindlichen Sproß der Sonne", einem segenspendenden Knaben, der an Jesus erinnert und sogar ihr Kostüm erinnert an die Marienikonographie: "*Der Königin goldenes Haar fließt über einen tiefblauen, mit goldenen Sternen besetzten Mantel*". Wenn somit durch die Gnade der "Frau Minne" der tote Siegnot zum Schluss wiederaufersteht, erinnert dies an diverse Legenden, wie sie ja auch in die Grimmsche Sammlung der Kinder- und Hausmärchen einflossen.

In der Germanistik unterscheidet man natürlich die Gattungen "Legende" und "Märchen", doch wie sehr sie einander manchmal ähneln können, beweist zum Beispiel das Märchen von den "Mädchen ohne Händen" (KHM 31), wo ein durch den Vater aus Angst vor dem Teufel verstümmeltes Mädchen so viele märchenhafte Abenteuer in Gottesfurcht besteht, bis die Hände nachwachsen.

3. 4. Die Missionierungsoper

Eine weitere Auffälligkeit an der Motivik der Oper findet sich in der Bekehrung heidnischer Opernfiguren zum Ethos des Liebesgartens, wie sie am Beispiel des Moormannes und der Waldelfe Minneleide gezeigt wird. Solche Heidenopern gab es zur Jahrhundertwende häufig, als Beispiele können Schrekers "singender Teufel", Sommers "Meermann" und "Waldschratt", Zoellners "versunkene Glocke", Rimsky-Korsakows "Sonnwendnacht", Nesslers Oper " Der Rattenfänger von Hameln", oder Schusters "Jungbrunnen" gelten.

Der Konflikt zwischen Heidentum und Christentum war ein Opernstoff, der zur Jahrhundertwende direkt "boomte" (Vgl. zum Beispiel Siegfried Wagners „Heidenkönig") – ein Phänomen, welches oft mit märchenhaften Stoffen Hand in Hand geht (schließlich werden gewöhnlich Faune, Nixen oder Elfen bekehrt) und bisher nicht weiter erforscht wurde.

3. 5. Märchenelemente

Schon deswegen lassen sich in der "Rose vom Liebesgarten" direkte Märchenmotive nachweisen, Minneleide ist ja die Königin der Waldelfen, Riesen und Zwerge treten auf und in Frau Minne und dem Nachtwunderer kämpfen – typisch für das Märchen – das gute und das schlechte Prinzip miteinander.

Dies ist zwar eines der häufigsten Märchenmotive (man denke an den Konflikt zwischen Schneewittchen und ihrer Stiefmutter, zwischen Hänsel und Gretel und der Hexe), lässt sich aber für so manchen dramatischen Opernkonflikt feststellen, so z. B. für Mozarts "Zauberflöte". Da noch keine Kategorien für die Märchenopern definiert wurden, kann also bestenfalls diskutiert werden, ob es sich durch diese Elemente bei der "Rose" schon um eine Märchenoper handelt.

4. Wagnerrezeption in der "Rose vom Liebesgarten"

Dass Hans Pfitzner ein eifriger Wagnerrezipient war, macht schon seine Vita klar. Seine Bewunderung für den Komponisten machte er u. a. in seinem Sonett über den "Meister" deutlich:

Richard Wagner. Sonett

Dem Halbgott gleich in früher Kinderwiege,
Kein Wunderkind, doch Riese von Geschlecht
Erwürgtest du für deutsches Geistesrecht
Die alte Schlange welscher Modelüge.

Denn, daß der Deutsche fremde Fesseln trüge,
Fühlt er nicht mehr, und wär´ er zehnmal Knecht.-
Doch du zerhiebst das künstliche Geflecht--
Und standst mit deiner ganzen Zeit im Kriege!

Ein König mußte aus den Wolken steigen,
Um deinem Volke ew´ge Schmach zu sparen
Und dich vom Untergange zu erlösen.

Dein Erbe aber nehmen wir zu eigen,
Um es als hohes Gut uns zu bewahren:
Die Selbstbesinnung auf das eigne Wesen."

Und Wagnerrezeption zeigt sich auch in der Oper "Die Rose vom Liebesgarten", nicht nur in den Namen der Hauptfiguren "Siegnot", "Minneleide" und der "Nachtwunderer" (was sich übrigens nach dem Grimmschen Wörterbuch als "Nachtzauberer" übersetzen läßt), sondern auch im Duktus des Textes:

"O Wahn! - -   O Wunden - -o
             O Sehnen!"

Andere Einflüsse auf das Opernlibretto sind, wie oben ausgeführt, in Legende und Märchen zu suchen, ob man aber deshalb die Oper in die Gruppe der Märchenopern der Jahrhundertwende eingliedern kann, muss solange offen bleiben, wie diese Operngattung nicht eindeutig definiert ist.

Literaturverzeichnis

Müller-Blattau, Joseph "Hans Pfitzner. Lebensweg und Schaffensernte", Waldemar Kramer Verlag Frankfurt/Main, 1969

Pfitzner, Hans "Gesammelte Schriften", Band II, Dr. Benno Filser Verlag, Augsburg 1926

Pfitzner, Hans "Richard Wagner. Sonett" in: Grunsky, Karl (Hrsg.) Offizieller Bayreuther Festspielführer 1924, Verlag Georg Nierenheim, Bayreuth

Kruft, Hanno-Walter (Hrsg.) „Alfred Pringsheim, Hans Thoma, Thomas Mann. Eine Münchner Konstellation" Verlag der bayer. Akademie der Wissenschaften, München 1993

Thode, Henry „Thoma. Des Meisters Gemälde in 874 Abbildungen", deutsche Verlagsanstalt, Stuttgart und Leipzig 1909

Abendroth, Walter „Hans Pfitzner", Nachdruck in der Reihe „Texte zur Musik der ersten Hälfte des 20. Jahrhunderts, Band 2, Kiefer & Albers Verlag, Aachen 1981 (Originalausgabe Albert Langen Verlag München, 1935)